AF313728

CATALOGUE

DES

LIVRES

SUR LES BEAUX-ARTS

COMPOSANT LA BIBLIOTHÈQUE

De feu M. BELLIER DE LA CHAVIGNERIE

DONT LA VENTE AURA LIEU

RUE DES BONS-ENFANTS, N° 28

Le Mardi 18 Juin 1872

A SEPT HEURES DU SOIR

Par le ministère de Me **Henri GAUTHIER**, Commissaire-Priseur,
rue Béranger, 12,
Assisté de **M. DELAROQUE aîné**, Libraire-Expert des Ventes de la
Chambre des Commissaires-Priseurs, rue de Verneuil, 9.

PARIS

DELAROQUE AÎNÉ, LIBRAIRE

RUE DE VERNEUIL, 9

1872

RENOU ET MAULDE

IMPRIMEURS DE LA COMPAGNIE DES COMMISSAIRES-PRISEURS

Rue de Rivoli, 144

CATALOGUE

DES

LIVRES

SUR LES BEAUX-ARTS

COMPOSANT LA BIBLIOTHÈQUE

De feu M. BELLIER DE LA CHAVIGNERIE

DONT LA VENTE AURA LIEU

RUE DES BONS-ENFANTS, N° 28

Le Mardi 18 Juin 1872

A SEPT HEURES DU SOIR

Par le ministère de Mᵉ **HENRI GAUTHIER**, Commissaire-Priseur,
rue Béranger, 12,
Assisté de **M. DELAROQUE** aîné, Libraire-Expert des Ventes de la
Chambre des Commissaires-Priseurs, rue de Verneuil, 9.

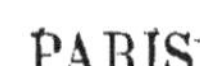

PARIS

DELAROQUE AINÉ, LIBRAIRE

RUE DE VERNEUIL, 9

1872

CONDITIONS DE LA VENTE

———

Elle sera faite au comptant.

Les Adjudicataires paieront, en sus des adjudications, CINQ POUR CENT, applicables aux frais.

CATALOGUE

DES LIVRES

SUR LES BEAUX-ARTS

COMPOSANT LA BIBLIOTHÈQUE

De feu M. BELLIER DE LA CHAVIGNERIE

1. **Annuaire** des artistes et des amateurs publié par Paul **Lacroix**. *Paris, Renouard*, 1860-1862 ; 3 vol. in-8, cart.

2. **Annuaire** de l'association des artistes peintres. Années 1845 à 1867 ; 3 vol. cart.

3. **Annuaire** publié par la Gazette des beaux-arts, ouvrage contenant tous les renseignements indispensables aux artistes et aux amateurs. Années 1869 et 1870 ; 2 vol. gr. in-8, cart.

4. **Archives de l'art français**. Abecedario de Mariette, publ. par MM. de Chennevières et A. de Montaiglon. 6 vol. in-8, interc. de pap. bl. — Recueil de documents inédits. 1851-1870 ; 6 vol. in-8. Ens. 12 vol. in-8, dos en toile.

5. **Arnauldet**. Les Artistes bretons, angevins, poitevins au salon de 1857. *Nantes*, 1859 ; brochure in-8, cart. n. r.

6. **Arnauldet**. Michel Laine de Caen, graveur en taille-douce. *Caen*, 1856; broch. in-8, cart. n. r.

7. **Artistes orléanais**. Peintres, graveurs, sculpteurs, architectes par **H. H*****. *Orléans, Herluyson*, 1863; in-8, pap. vél. cart. (*Tiré à 115 ex.*)

8. **Auber** (Abbé). Notice sur trois tableaux représentant la conversion du duc d'Aquitaine Guillaume X, par saint Bernard. *Poitiers*, 1868; gr. in-8, cart.

9. **Auvray**. Revue artistique et littéraire. *Paris*, 1859 à 1869; 16 vol. gr. in-8, cart. fig. Tomes I à III-V à XIV-XVI et XVII.

10. **Barye, Courbet, Chenavard, Coppin Delft,** peintre des rois René d'Anjou et Louis XI. Ens. 4 broc. in-8, cart.

11. **Beaudicour** (de). Le Peintre graveur français continué ou Catalogue raisonné des estampes gravées par les peintres et les dessinateurs de l'École française nés dans le xviiie siècle. *Paris, Huzard*, 1839; in-8, cart. (*Tome 1er.*)

12. **Bellier de La Chavignerie**. Les Artistes français du xviiie siècle oubliés ou dédaignés, *Paris, Renouard*, 1865; in-8, dem.-mar.

13. **Bellier de La Chavignerie**. Biographie et catalogue de l'œuvre du graveur Miger. *Paris, Dumoulin*, 1856; in-8, cart., avec notes manuscrites.

14. **Bellier de La Chavignerie**. Dictionnaire général des artistes de l'École française depuis l'origine du dessin jusqu'à l'année 1868 inclusivement. *Paris, Renouard*, 1870; gr. in-8. (*Livraisons 1 à 8 seules parues.*)

15. **Bellier de La Chavignerie**. Les Mays de notre dame. Gr. in-8 cart.

16. **Bellier de La Chavignerie**. Notes pour servir à l'histoire de l'exposition de la jeunesse qui avait lieu chaque année à Paris à la place Dauphine et sur le Pont-Neuf, par E. *Paris, Renouard*, 1864; in-8 dem.-mar.

17. **Benvignat**. Musée Wicar à Lille. *Lille*, 1866 ; gr. in-8, cart. fac-simile.

18. **Berty** (Adolphe). Les Grands architectes français de la Renaissance. *Paris*, 1860 ; in-12 cart.

19. **Beulé**. Éloge de M. Hittorf. 1868. — **Quatremère**. Not. hist. sur la vie et les ouvrages de MM. Dejoux et Lecomte. — **Raoul Rochette**. Not. hist. sur Pradier. Ens. 3 broch. in-4 cart.

20. **Beulé**. Not. sur la vie et les ouvrages de Flandrin. — **Duvivier**. Flandrin, peintre d'histoire. — **Schmitt**. Les Peintures de Flandrin à Saint-Germain-des-Prés.

21. **Biais Langoumois**. Notice sur François-Nicolas Pineau et divers membres de sa famille (1653-1823). *Angoulême*, 1860 ; broch. in-8, cart.

22. **Biographies** et notices sur différents architectes : Benvignat. — Gisors. — Hittorff. — Norry. — Ch. de Wailly. Ens. 6 pièces diff. form. cart. toile et br.

23. **Biographies** et notices sur différents peintres : Alaux. — Bézard. — Boissieu. — Clément. — Court. — David. — Daubigny. — Delamarre. — Doré. — Flandrin. — Fleury. — Epinat. — Français. — Gérard. — Gérôme. — Girodet. — Jeaurat. — Lantara. — Lejeune. — Lenain. — Leymarie. — Mignard. — Pujol. — Scheffer. — Tassy. — Tourneux. — Vinchon. — Watteau. Ens. 32 pièces de différents formats, cart. toile.

24. **Biographie** des peintres graveurs, in-4, cart. (*manuscrit*).

25. **Biographies** et notices sur plusieurs graveurs : Audran. — Chauveau. — Gatteaux. — Godefroy. — Tavernier. Ens. 6 pièces, cart. toile.

26. **Biographies** et notices sur différents sculpteurs : Boudin. — Bourdin. — Brun. — Chazerand. — Cordier. — Puget. — Rude. — Slodtz. Ens. 8 pièces in-8 et in-12 cart. toile.

27. **Biographies** et notices sur : Aubry Le Comte. —
— André Boulle. Artistes tourangeaux. — Galichon.
— Galimard. — Horeau. — Jorand. — Langalerie. —
Lenoir. — Miger. — Palissy. — Romieu. — Schitt.
Ens. 13 pièces in-8 et in-12 cart.

28. **Biographie** des Champenois célèbres. *Paris*, 1836 ;
in-8, cart.

29. **Biographie** par départements (Bouches-du-Rhône).
Paris, 1829 ; in-8 cart.

30. **Blanc** (Ch.). Histoire des peintres. — École française, (146 feuilles). *Paris*, *Renouard* ; in-fol. en feuilles.

31. **Blanc** (Ch.). Histoire des peintres français au XIXe siècle. *Paris*, 1845 ; in-8 cart. (*Tome* 1er *seul paru.*)

32. **Blanc** (Ch.). Les Peintres des fêtes galantes : Watteau,
Lancret, Pater, Boucher. *Paris*, *Renouard*, 1854 ; in-18
cart.

33. **Blancherie** (de La). Essai d'un tableau historique
des peintres de l'École française depuis Jean Cousin en
1500 jusqu'en 1783 inclusivement. *Paris*, 1783 ; in-4,
cart. (*manuscrit*).

34. **Bordeaux** (Raymond). Les Brocs à cidre en faïence
de Rouen. *Caen*, 1869 ; in-4 cart., chromo-lithog. tiré à
250 exemplaires.

35. **Bouillet** Dictionnaire universel d'histoire et de
géographie. *Paris*, *Hachette*, 1851 ; gr. in-8, cart.

36. **Brainne.** Les Hommes illustres de l'Orléanais, biographie générale des trois départements du Loiret,
d'Eure-et-Loir et de Loir-et-Cher. *Orléans*, *Gatineau*,
1852 ; 2 tomes rel. en 1 vol. in-8. dem.-mar.

37. **Bry** (Auguste). Raffet, sa vie et ses œuvres. *Paris*,
1861 ; in-8. cart. port., eaux-fortes, f.-sim. — **Giaco-
melli.** Raffet, son œuvre lithographique et ses eaux-
fortes, préface seulement, in-8 cart.

38. **Burty** (Philippe). Paul Huet, not. biogr. et crit. suivie du catalogue de ses œuvres. *Paris*, 1869 ; in-8, cart. (envoi d'auteur).

39. **Catalogues**. Cabinet de feu Lassus, 1858. — Exposition des œuvres d'Ary Scheffer, 1859. — Exposition des œuvres de Paul Delaroche, 1857. — Vente Théodore Rousseau, 1868. Ens. 4 broch. in-8 cart.

40. **Catalogues**. Cabinet de M. Sudre, 1867. — Vente Jules André, 1870. — Vente du baron Gérard, 1837. — Vente Calame, 1865. — Vente Henri de St-Georges de Nantes, 1865. Ens. 5 broch. in-8 et in-12 cart.

41. **Cambry**. Essai sur la vie et sur les tableaux du Poussin. *Paris*, an VII. — François Langlois, dit de Chartres, libraire. — Nécrologie de Belanger, architecte. Ens. 3 broch. in-8 et in-12 cart.

42. **Catalogues**. Exposition des œuvres de Ingres, 1867 — Vente Troyon, 1865. Ens. 2 broch. gr. in-8 cart.

43. **Catalogue de l'histoire de France**. A partir du chap. IV : Journaux et publications périodiques ou semi-périodiques. *Paris*, 1857 ; in-4, toile.

44. **Catalogue** des planches gravées composant le fonds de la chalcographie du Musée impérial du Louvre. *Paris*, 1860 ; in-8 cart.

45. **Catalogues** des tableaux, sculptures, dessins et gravures exposés aux musés de : Alençon. — Blois. — Bordeaux. — Boulogne-sur-Mer. — Lyon. — Marseille. — Metz. — Montpellier. — Nancy. — Rouen. — Saint-Omer. — Valenciennes. Ens. 29 pièces in-18, in-12 et in-8.

46. **Champfleury** de La Tour. *Paris*, 1855 ; in-8, cart.

47. **Champfleury**. Les Frères Lenain. *Paris*, 1862 ; in-8, cart. en toile.

48. **Charvet**. Les de Royer de La Valfenière, architectes lyonnais. *Lyon*, 1870 ; gr. in-8, fig. br.

49. **Chennevières** (de). Organisation des arts en province, 1852. — **Lépinois.** L'art dans la rue et au salon, 1859. — **Merson.** La Peinture en France. *Paris*, 1861. Ens. 3 vol. in-12 br.

50. **Chronique des arts** et de la curiosité, 1863-1869. 7 vol. gr. in-8 et in-fol. cart. toile.

51. **Collection** complète des livrets du Musée depuis l'origine, 1673 à 1870 inclus. 108 vol. in-18, cartonnés et brochés.

Nota. *Les quarante-deux premières années sont de la réimpression.*

52. **Collot.** Notice sur une collection de sept esquisses de Rubens. *Paris*, broch. gr. in-8, cart.

53. **Corrard** de **Bréban.** Les Graveurs troyens. — Recherches sur leur vie et leurs œuvres. *Troyes, Soccard*, 1868; in-8, cart.

54. **Corrard** de **Bréban.** Notice sur la vie et les œuvres de François Girardon, sculpteur ordinaire du roi. *Troyes*, 1850; broch. in-8, cart. Tiré à 250 exemplaires (n° 65).

55. **Correspondance** de François Gérard, peintre d'histoire avec une Notice de Viollet-le-Duc. *Paris*, 1867; gr. in-8, toile.

56. **Croquis** biographiques. *Melun*, 1863. — Inauguration de la statue de Poisson à Pithiviers. *Orléans*, 1851. — **Marionneau** Not. de l'église Saint-Philibert de Grand Lier. — **Explication** des peintures de la chapelle de l'Eucharistie à Notre-Dame-de-Lorette. Ens. 4 br. in-4, et in-8, cart.

57. **Dacier.** Not. hist. sur la vie et les ouvrages de M. Millin. *Paris*, 1821; port. — **De Montaiglon** Henri de Gissey de Paris. *Paris*, 1854. — **Dauban** Ligier Richier, sculpteur lorrain. *Paris*, 1861. Ens. 3 broch. in-8, cart.

58. **Dargenville**. Abrégé de la vie des plus fameux peintres avec leurs portraits gravés en taille-douce etc., *Paris*, 1762 ; 4 vol in-8, v. m. fig.

59. **Dargenville**. Vies des fameux architectes, depuis la Renaissance des arts. *Paris*, 1787 ; 2 vol. in-8, v, granit. frontispice.

60. **Dargenville**. Voyage pittoresque de *Paris* cont. tout ce qu'il y a de plus beau dans cette ville, en peinture et sculpture. *Paris*, 1778 ; in-12, fig. v. marb.

61. **Delerot** et **Legrelle**. Notice sur Houdon. *Versailles*, 1856 ; in-8, cart.

62. **Deseine**. Notices historiques sur les anciennes académies royales de peinture, sculpture de Paris, et celle d'architecture. *Paris*, 1844 ; in-12, cart.

63. **Diaz**. — Nicolas Lafrensen, peintre à la gouache. — Decamps. — Préault. — Gravelot. Ens. 5 broch. gr. in-8, cart.

64. **Dictionnaire** des Musées suivi de notions sur la photog., publ. par l'abbé Migne. *Paris*, 1855 ; gr. in-8, cart. toile.

65. **Dulin** architecte. Lettre à un ami sur les monuments publics. — Arrêt du Conseil d'État du roi, qui supprime cet écrit. In-4, cart. 3 planches.

66. **Dumont**. Antoine Watteau. *Valenciennes*, 1866; broch. in-8, cart.

67. **Duplessis**. Essai de bibliographie contenant l'indication des ouvrages relatifs à l'histoire de la gravure et des graveurs. *Paris, Rapilly*, 1862 ; in-8 cart.

68. **Duplessis**. Essai de bibliographie générale des beaux-arts. *Paris, Rapilly*, 1866 ; in-8 cart.

69. **Duplessis** (George). Catalogue de l'œuvre d'Abraham Bosse. *Paris*, 59 ; in-8 cart.

70. **Duplessis**. La Gravure française au salon de 1855. *Paris, Dentu*, in-8, cart.

71. **Duplessis**. Les Graveurs sur bois contemporains. *Paris*, 1857; in-8, cart. (*Taché.*)

72. **Duplessis** (Georges). Histoire de la gravure en France. *Paris, Rapilly*, 1861 ; in-8 cart.

73. **Duplessis**. Mémoires et journal de Wille, graveur du roi. *Paris*, 1857; 2 vol. in-8, dos en toile.

74. **Dussieux**. Les Artistes français à l'étranger, recherches sur leurs travaux et sur leur influence en Europe. *Paris, Gide*, 1856 ; in-8 cart.

75. **Eloge** hist. de M. Coustou l'aîné, sculpteur ordinaire du roy. *Paris*, 1737; in-12 cart.

76. **Ernest B.** (*Jane Dubuisson et Léon Boitel*). Lettres d'un Rapin de Lyon à un Rapin de Paris, avec des notes par M. Absalon, marchand de couleurs. *Lyon*, 1837 ; in-18, port. cart. *avec une lettre autog. du Dr Payen.*

77. **Etex**. J. Pradier, étude sur sa vie et ses ouvrages. *Paris*, 1859 ; broch. gr. in-8, cart. front.

78. **Faucheux**. Catalogue raisonné de toutes les estampes qui forment l'œuvre d'Israël Silvestre, avec une notice sur sa vie. *Paris*, 1857 ; in-8, fig. (tiré à 150 ex.) cart. toile.

79. **Félibien**. Conférences de l'Académie royale de peinture et de sculpture. *Londres*, 1705 ; in-12, vél. bl.

80. **Feuillet** de **Conches**. Léopold Robert. *Paris*, 1854 ; in-8, 1/2 chag. marron, pl. t.

81. **Florent** Le **Comte**. Cabinet des singularitez d'architecture, peinture, sculpture et gravure. *Bruselles*, 1702 ; 3 vol. in-12, fig. et monogrammes, v. br.

82. **Gabet**. Dictionnaire des artistes de l'École française au xixe siècle. *Paris*, 1831 ; in-8 cart. (*Taché*).

83. **Gazette des Beaux-Arts**, courrier de l'art et de la curiosité, publ. par Ch. Blanc. *Paris*, 1858; table alphabétique et analytique de 1859 à 1863. Ens. 2 vol. gr. in-8, toile.

84. **Goncourt** (De). Boucher, étude cont. 4 dess. à l'eau-
forte. *Paris,* 1862 ; in-4 br. — Bouquier, peintre de mari-
nes ; Notes sur l'état de la peinture en France et en Italie,
par Galy. 1862 ; in-8, br.

85. **Guenet**. Eloge historique de Michel-Philippe Bou-
vart. *Paris,* 1788 ; in-8, cart.

86. **Guyot** de **Féré**. Annuaire des artistes français.
Paris, 1832-1834 ; 2 vol. in-12, cart.

87. **Guyot** de **Féré**. Statistique des beaux-arts en France.
Paris, 1835-36 ; 2 vol. in-8, cart.

88. **Hardouin**, architecte. Arrest du Conseil du Roy qui
nomme le sieur Hardouin, architecte, controlleur des
bastiment de Sa Majesté pour la reconstruction de la
ville de Chasteaudun, incendiée le 20 juin 1725 ; in-4,
cart. en toile.

89. **Hecquet**. Éloge historique de M. Lebas. Broch. in-8,
cart., front.

90. **Horsin d'Eon**, de la Conservation et de la restaura-
tion des tableaux. *Paris, Bossange,* 1851 ; in-12 cart.

91. **Houdoy**. La Halle échevinale de la ville de Lille,
(1235-1664). *Lille et Paris,* gr. in-8, fig. pap. de Holl.
bro.

92. **Intermédière** (L') des chercheurs et des curieux.
Paris, 1864 à juillet 1870. 5 vol. in-8, dos en toile, et
en liv.

93. **Inventaire sommaire** des archives départemen-
tales d'Eure-et-Loir, antérieures à 1790. In-4, br.
(Suppl.).

94. **Jal**. Dictionnaire critique de biographie et d'histoire.
Paris, Plon, 1867 ; gr. in-8, cart.

95. **Jombert**. Essai d'un catalogue de l'œuvre d'Etienne
de La Belle, peintre et graveur florentin, avec sa vie,
trad. de l'Italien. *Paris,* 1772, in-8, avec 2 vign. de Co-
chin, v. marb.

96. **Jouin**. L'œuvre de David d'Angers. — Les œuvres écrites de David d'Angers, 1869. — Funérailles de David d'Angers.

97. **Journal des Beaux-Arts**, publ. par Siret (1869, n° 1 à 24). *Bruxelles*, in-4, cart.

08. **Lachaise**. Manuel pratique et raisonné de l'amateur de tableaux. *Paris*, 1866; in-8, cart.

99. **Lacroix** (Paul). Revue universelle des arts *Paris*, 1855 à 1865; 15 vol. gr. in-8, cart. et brochés. Tomes I à à IV — XII à XXII moins 3 numéros.

100. **La Combe** (De). Charlet, sa vie et ses lettres suivis d'une description raisonnée de son œuvre lithographique. *Paris*, 1856; in-8, port. cart. en toile.

101. **Lacordaire**. Notice historique sur les manufactures impériales de tapisseries des Gobelins et de tapis de la Savonnerie. *Paris*, 1853; in-8, cart.

102. **Lafforgue**. Recherches sur les arts et les artistes en Gascogne au XVIe siècle. *Paris, Renouard*, 1868; in-8, cart. (*Tiré à cent quatre-vingts exemplaires.*)

103. **Lagrange** (Léon). Pierre Puget, peintre sculpteur, architecte et décorateur de vaisseaux. *Paris*, 1868; in-8, cart. toile.

104. **Laurent Pichat**. L'Art et les artistes en France. *Paris*, in-18, cart.

105. **Leblanc**. Manuel de l'amateur d'estampes. *Paris, Jannet*, 1854; 9 liv. réunies en un vol. gr. in-8, cart.

106. **Lebreton**. Biographie rouennaise, recueil de notices biographiques et bibliographiques, sur les artistes nés à Rouen. *Rouen, Lebrument*, 1865; in-8 cart.

107. **Lebreton**. Not. hist. sur la vie et les ouvrages de Pierre Julien, stat. *Paris*, an XIV. — **Notice** sur M. le Comte, stat. — **Armenton**, Not. biogr. sur Léonard Racle, de Dijon. *Dijon* 1840. — **Scontetten**, Notice sur Madame Sturel. *Metz*, 1854. — **Mancel**, Not. sur M. Elouis. Ens. 5 broch. in-8 et in-12, cart.

108. Lebrun. Quelques idées sur la disposition, l'arrangement et la decoration du Muséum national. *Paris*, an III, br. in-8, cart.

109. Lecarpentier. Essai sur le paysage. *Paris, Treuttel*, 1817; in-8, cart.

110. Le Gentil. Dominique Doncre (1743-1820). *Arras*, 1868; in-8 cart. phot.

111. Lehmann. Funerailles de M. Hittorff. — **Revue nouvelle**. Un mot sur l'Année artistique. — **Funérailles** de M. Hersent. — **Lamothe**. De Lacour et Poitevin. *Paris*, 1859. Ens. 4 broc. in-4 et in-8 cart.

112. Lejeune. Mémoire sur les antiquités d'Avallocium. *Chartres*, 1858; broch. in-8 cart.

113. Lemounier. Mosaïque littéraire. *Paris*, 1838; in-8 cart. *Autographe de l'auteur.*

114. Lemot. Notes analytiques sur la statue équestre de Henri IV, érigée en bronze, sur le terre-plein du Pont-Neuf, à Paris. *Paris*, 1819; broch. in-8, cart., n. r.

115. Lépicié. Catalogue raisonné des tableaux du roy, avec un abrégé de la Vie des peintres. *Paris, Impr. royale*, 1752; 2 tom. en 1 vol. in-4, cart. en toile, n. rog.

116. Lévêque. Notice sur la vie et les œuvres de Ch. Simart. *Paris*, 1857; broch. gr. in-8, cart. (Envoi d'auteur.)

117. Lieutaud. Recherches sur les personnages nés en Champagne dont il existe des portraits dessinés, gravés ou lithographiés. *Paris, Rapilly*, 1856; gr. in-8, cart.

118. Liste des artistes récompensés, français et étrangers, 1865-1868. *Paris*, 4 vol. in-8, toile.

119. Liste générale des noms et surnoms de tous les maîtres peintres, sculpteurs, graveurs et enlumineurs de cette ville et faubourgs de Paris, tant anciens que modernes, suivant l'ordre de leur réception par devant MM. les procureurs du roy au Chastelet, faite au mois d'octobre 1682, in-18. cart. (*Manuscrit moderne.*)

120. **Lorentz** (Otto). Catalogue général de la librairie française pendant 25 ans, 1840-1865. *Paris*, 1867 ; 2 vol. gr. in-8, cart. (A. H.).

121. **Lusson**. Not. sur Jacques Lacornée, 1856. — **Pauly**. Not. sur L. Michel Petit, 1858 ; port. — **Vanier**. Oraison funèbre de Michallon, 1822 ; port. 3 broch. in-8 et in-12, cart.

122. **Manuel** bibliographique du photographe français, par B. de L. *Paris*, 1863 ; in-12 cart.

12!. **Marconneau**. Description des œuvres d'art qui décorent les édifices publics de la ville de Bordeaux. *Paris*, 1861 ; in-8 cart.

124. **Marolles** (Michel de). Le Livre des peintres et graveurs, éd. revue par **G. Duplessis**. *Paris, Jannet*, in-18 cart.

125. **Meaume**. Recherches sur la vie et les ouvrages de Jacques Callot. *Paris*, 1860, 2 vol. in-8, dem.-toile.

126. **Meaume**. Recherches sur la vie et les ouvrages de Claude Deruet, peintre et graveur lorrain (1588-1660). *Nancy*, 1853 ; broch. in-8, cart., n. r.

127. **Mémoire** à consulter sur une contrainte à communier, broch. manuscrite, imprimée en 1768. — **Simon Vouet**. Extrait des registres du Conseil privé du roy, broch. manuscrite. Deux plaquettes in-4, cart.

128. **Mémoires** inédits sur la vie et les ouvrages des membres de l'Académie royale de peinture et de sculpture, publiés d'après les manuscrits conservés à l'École, imp. des beaux-arts. *Paris*, 1854 ; 2 vol. in-8, dem.-chag. vert.

129. **Merson**. Ingres, sa vie et ses œuvres, avec un portr. lithog. et le catalogue des œuvres du maître, par Emile Bellier de la Chavignerie. *Paris, Hetzel*, in-16, dos de chag. br.

130. **Meyer** (Adolphe). Jean-Antoine Constantin, peintre, sa vie et ses œuvres. *Marseille*, 1860 ; broch. gr. in-8, cart.

131. **Michaud**. Biographie universelle, ancienne et moderne. *Paris, Desplaces,* 1857; 45 vol. gr. in-8, dem.-
mar. vert. Manquent les tomes XVIII à XXVII, XLIV, XLV.

132. **Michel**. Not. sur la vie et les œuvres d'Émile Fai-
vre. *Metz,* 1869; broch. in-8, cart.

133. **Montaiglon** (Anatole de). Mémoires pour servir à
l'histoire de l'Académie royale de peinture et de sculpture, de 1648 à 1664. *Paris, P. Jannet,* 1853; 2 vol. in-
16, pap. verg., cart., toile n. rog.

134. **Nécrologie** de 1832, ou Notices historiques sur les
hommes les plus marquants tant en France qu'à l'étran
ger, morts pendant l'année 1832. *Paris,* 1833; in-8,
cart.

135. **Notes** pour servir à la biographie des hommes utiles
ou célèbres de la ville de Bordeaux. *Paris,* 1865; in-8,
cart.

136. **Notices** historiques sur la vie et les ouvrages de
M. Dupaty. — Funérailles de M. Robert. — Not. sur la
vie et les œuvres de Francisque Duret. — Not. sur la
vie et les ouvrages de Simart. — Ens. 4 broch. in-8, et
gr. in-8 cart.

137. **Notice** sur le Marat, de Louis David. *Paris,* 1867;
in-18 cart.

138. **Notice** sur la vie et les ouvrages de Milhomme,
statuaire. *Paris,* 1844; broch. in-8, cart., portr.

139. **Notice** sur la vie et les travaux de Jean du Seigneur,
statuaire, par ses amis, suivie du journal de ses travaux,
écrit par lui-même. *Paris,* 1866; in-8 cart.

140. **Notice** nécrologique sur Paul Jourdy. — **Mellis**.
Not. sur M. Boulanger de Boisfremont, peintre. *Rouen,*
1838; portr. — **Pons**. Essai sur la vie et les ouvrages
de Puget. *Paris,* 1812. — Not. sur le monument d'Am-
broise Paré, à Laval, 1840. Ens. 4 broch. in-8, cart.,
planche.

141. **Notice** nécrologique sur Griffoul-Dorval, statuaire. — **Joly**. Girardet, sa vie, son œuvre. — **Durevel**. Not. biog. sur M. Gilbert, antiquaire. *Amiens*, 1858. — Not. manuscrite sur Clodion. Ens. 4 broch. in-8 et in-12, cart.

142. **Nicolas**. Histoire des artistes, peintres, sculpteurs, architectes et musiciens contemporains, nés dans le départementdu Gard. *Nîmes*, 1859 ; in-12 cart.

143. **Parrocel**. Annales de la peinture. *Paris*, 1862 ; in-8 cart.

144. **Parrocel** (Étienne). Monographie des Parrocel. *Marseille*, 1861, in-12, cart.

145. **Patria**. La France ancienne et moderne, par BOUR-QUELOT, etc. *Paris*, *Dubochet*, 1847 ; 2 tom. en trois parties, cartonnés.

146. **Peintures** murales de M. Lenepveu, à l'église Sainte-Marie, à Angers. — **Une existence d'artiste**. Essai biogr. sur Charles Kuwasseg, peintre. *Paris*, 1844 ; portr. — **Not.** sur Foyatier. — **Descript.** du tableau allégorique de la réunion de la Lorraine à la France, de Nicolas Delobel. *Paris*, 1855. Ens. 4 broch. in-8, cart.

147. **Péron**. Examen du tableau des Horaces, peint par David. *Paris*, 1839 ; in-8, toile.

148. **Pinard**. Le Cimetière du Sud (Montparnasse). *Paris*, 1866 ; in-18 cart. (*Biographie succincte d'hommes de lettres et artistes.*)

149. **Pointel** (de). Recherches sur la vie et les ouvrages de quelques peintres provinciaux de l'ancienne France. *Paris*, 1847 ; 3 vol. in-8, dem.-chag. noir, front.

150. **Freux**. Résurrection d'un grand artiste. Jehan Bellegembe de Douai, peintre du rétable d'Anchin. *Douai*, 1862 ; broch. in-8, cart., portr.

151. **Quatremère de Quincy**. Recueil de notices historiques. *Paris*, *Leclerc*, 1834 ; 2 vol. in-8, cart.

152. **Quérard**, **Louandre** et **Bourquelot**. La France littéraire. — La Litterature française contemporaine. *Paris, Didot, — Delaroque aîné,* 1827 à 1857 ; 18 vol. in-8, cart.

153. **Raoul Rochette**. Not. hist. sur Langlois. — *Ed. Crémier,* Poussinet, son monument, poëme. *Evreux,* 1851. — Funérailles de M. Emery. — Funérailles de M. Dumont. Ens. 4 broch. gr. in-8. cart.

154. **Redouté**. Collection de documents et de lettres autographes concernant P. J. Redouté peintre de fleurs, et sa famille, écrits et recueillis par Henri-Joseph Redouté, ancien membre de l'Institut d'Egypte, son frère ; un vol. in-8. cart.

155. **Reiset**. Notices des dessins, cartons, pastels, miniatures et emaux du Musée impérial du Louvre. *Paris,* 1869 ; — Description des sculptures modernes par **Barbet de Jouy**. *Paris,* 1855 ; Ens. 3 vol. in-12. cart.

156. **Revue des beaux arts**, années 1850 à 1859 : inclus. 10 vol. gr. in-8 cart.

157. **Ruault**. Eloge de Nicolas Poussin, 1809 — OBSÉQUES d'Auguste Vinchon. — **Rapport** sur la vie du et les travaux de Ducornet. — **Discours** de Trouillet, au Conseil des Cinq-cents Ens. 4 broch. in-4 et in-8 cart.

158. **Rude**, sa vie, ses œuvres, son enseignement. *Paris,* 1856 ; in-12 cart. port.

159. **Silbert** (Docteur). Not. hist. sur la vie et l'œuvre de Granet. *Aix,* 1862 ; in-8 cart.

160. **Silvestre**. Israël Silvestre et ses descendants. *Paris,* 1869 ; in-8 port. cart. toile.

161. **Siret**. Dictionnaire hist. des Peintres de toutes les Ecoles, depuis l'origine de la peinture jusqu'à nos jours. 2ᵉ ed. *Paris, Lacroix,* 1866 ; gr. in-8 cart.

162. **Soulié**. Notices des peintures et sculptures composant le Musée impérial de Versailles 1854 ; 2 parties en u n vol. in-8, cart.

163. **Suchaux**. Galerie biographique du département de la Haute-Saône. *Vesoul*, 1864 ; in-8, cart.

164. **Tarbé**. La vie et les œuvres de J. B. Pigalle, sculpteur. *Paris*, 1859 ; gr. in-8, pap. verg. cart. en toile.

165, **Tory** (*Bernard-Geofroy*), peintre et graveur, premier impr. royal. *Paris*, 1857 ; in-8, fig. cart. en toile.

166. **Toulongeon**. Manuel du muséum français, Œuvre de Vernet. *Paris*, 1805 ; in-8, cart. pl.

167. **Trébutien**. Caen, précis de son histoire, ses monument, son commerce et ses environs. *Caen, Hardel*, in-18 br.

168. **Vapereau**. Dictionnaire universel des contemporains. *Paris, Hachette*, 1865 ; gr. in-8 cart.

169, **Vapereau**. Dictionnaire. 4e édition. *Paris, Hachette*, 1870 ; gr. in-8. cart.

170. **Villers**. Jean-Baptiste Nini, ses terres cuites. *Blois*, 1862 ; broch. in-8, cart.

171. **Villot**. Notice des tableaux exposés dans les galeries du Musée impérial du Louvre *Paris*, 1851 ; 2 parties, en un vol. in-8, cart.

Renou et Maulde, imprimeurs de la Compagnie des Commissaires-Priseurs, rue de Rivoli, 144.   21522